오늘의 미션,
안전하게 집에 돌아오라!

김윤정 글

어린이책을 만들면서 글을 쓰고 있습니다.
초등학생이 된 아이와 함께 나누고 싶은 주제를 모아 사부작사부작 이야기를 만들어 가고 있습니다.
쓴 책으로 《회의·토론, 어디까지 아니?》, 《책, 어디까지 아니?》, 《올림픽, 어디까지 아니?》가 있고,
《너는 무슨 풀이니?》, 《꼭꼭 손잡기 놀이》 등을 우리말로 옮겼습니다.

윤태규 그림

광고를 공부하고, 지금은 작은 산 아래 작업실에서 글을 쓰고 그림을 그리고 있습니다.
쓰고 그린 책으로 《소중한 하루》가 있고, 그린 책으로 《메타버스, 어썸 시티를 지켜라!》, 《한밤중 달빛 식당》,
《신호등 특공대》, 《소곤소곤 회장》, 《내 맘대로 엉뚱 구구단》, 《또 또 또! 수요일》,
《노래는 최선을 다해 곡선이다》 등이 있습니다.

오늘의 미션, 안전하게 집에 돌아오라!

초판 1쇄 발행 2024년 10월 15일
글 김윤정 | **그림** 윤태규
펴낸이 홍성우 | **책임 편집** 스튜디오플롯 | **디자인** 꽁디자인
펴낸곳 (주)기린미디어출판 | **등록** 2016년 4월 26일 제2023-000061호
제조국 대한민국 | **주소** 강서구 양천로 583 우림블루나인 A동 21층 2110호 | **사용연령** 8세 이상
전화 0505-302-2381 | **팩스** 0505-300-2381 | **전자우편** girinmedia@daum.net

글 ⓒ 김윤정 2024
그림 ⓒ 윤태규 2024

ISBN 979-11-92340-45-6 74810
　　　 979-11-92340-30-2 (세트)

※ 책값은 뒤표지에 표시되어 있습니다.
※ 파본이나 잘못된 책은 구입하신 곳에서 바꿔드립니다.
※ 종이에 베이거나 굵히지 않도록 조심하세요. 책 모서리가 날카로우니 던지거나 떨어뜨리지 마세요.

오늘의 미션, 안전하게 집에 돌아오라!

알지YOU

김윤정 글
윤태규 그림

기린미디어

차례

작가의 말 _오늘 하루, 안전하게 보냈나요? • 6
등장인물 • 8

집 밖으로 나가면, 미션 시작!

10

안 다치면 되는 거 아니야? • 20
동네 곳곳을 잘 살펴봐야 해 • 22

등굣길 미션 전쟁

24

헬멧과 보호대, 안 쓰면 안 되는 걸까? • 32
우리 몸의 중요한 뼈와 관절을 보호해야 해 • 34
꼭 기억해 둬야 하는 RICE 응급 처치법! • 36

내 손으로 완성하는 맵핑 미션

38

내가 서 있는 곳의 숫자를 읽어 봐! • 46
조금 낯설지만 알아 두면 좋은 숫자 • 48

어린이 공원에서
미션을 잡아라!

50

위험해 보이는 상황을 찾아봐! • 58

이제 남은 별은
두 개

60

아직 미션은
끝나지 않았다!

74

어린이를 보호하는 구역   70
그린 푸드 존과 아동 안전 지킴이 집   73

우리가 안전 규칙을 알아야 하는 이유! • 84
어린이가 알아 두면 좋은 안전 표지판 • 86

오늘 하루, 안전하게 보냈나요?

학교 가는 길은 늘 북적북적하지요. 삼삼오오 모여서 등교하는 친구들이 있고, 그 사이를 뛰어가는 친구들도 있어요. 킥보드나 자전거를 타고 아슬아슬하게 스쳐 가는 친구들도 있고요. 하굣길은 또 어떻고요? 마음이 급해 무단 횡단하는 친구들도 있고, 스마트폰을 보면서 걸어가느라 앞을 보지 않는 친구들도 많아요. 오늘 하루만 생각해 봐도 위험한 순간들이 참 많지요.

사실 우리 동네 일상의 순간들을 면밀하게 살피기 시작한 건 아이를 키우면서부터예요. 오랫동안 살아서 익숙한 동네라 무심코

지나쳤던 장소들이 어린이에게는 위험한 곳이 되기도 하더라고요. 어른의 눈으론 괜찮겠지 했던 순간이 어린이에게는 아찔한 순간이 되기도 했어요.

그래서 어린이 안전 교육이 재난이나 사고에 해당하는 안전뿐만 아니라 일상에서 지켜야 하는 안전 규칙에도 집중했으면 좋겠다고 생각했어요. 어른들이 만든 안전 규칙이 실제 어린이들에게 적용했을 때 적절한지 점검해 보고 싶기도 했고요.

그때부터 집 주변과 학교, 유치원, 공원과 놀이터, 상가 단지 주변을 돌아보면서 아이와 함께 많은 이야기를 나눴어요. 어린이 눈으로 봤을 때 위험한 순간과 어른의 눈으로 봤을 때 위험한 순간에 차이가 있는지도 궁금했거든요. 그리고 이 경험을 바탕으로 지유와 친구들에게 '게임 미션'을 만들어 주었답니다.

《오늘의 미션, 안전하게 집에 돌아오라!》를 통해서 더 많은 어린이와 안전에 관해 이야기 나눌 수 있으면 좋겠어요. 이 책을 읽고 나서 주변을 살피고 어른들에게 많은 이야기를 들려주세요. 어른들은 아이들의 이야기에 귀 기울여 주세요. 그렇게 함께 안전하고 행복한 일상을 지켰으면 해요.

홍지유

평범해 보이지만 결코 평범하지 않은 아홉 살 소녀.
낯선 상황을 두려워하는 소심한 성격이지만,
불의를 보면 참지 못하고 용감하게 나서는 의외의 면도 있다.
강아지와 고양이 같은 동물들을 매우 좋아하며,
쿠키 아이스크림, 메타버스에서 친구들과 놀기,
킥보드 타기, 캠핑을 좋아한다.

지유의 집 근처에 사는 고양이.
지유와 친구들에게 안전의 중요성이나 집의 소중함 같은
고양이의 지혜를 알려 주고 싶어 한다.
언젠가 직접 지유와 친구들에게
말을 걸고 친구가 될 기회를 노리고 있다.

알맹이

강민준

지유의 친구. 운동을 싫어하고, 겁이 많다.
생각이 많아서 행동이 느린 편이다.
이런 점이 답답해 보일 때도 있지만,
그만큼 신중하고 차분하며 암기력이 좋다.
좋아하는 것은 지유와 초콜릿 아이스크림, 파란색, 상상하기.

백슬아

지유의 친구. 운동을 좋아하며 활발한 성격을 갖고 있다.
목소리가 커서 친구들을 깜짝깜짝 놀라게 하지만,
여자 친구, 남자 친구 할 것 없이 모든 친구와 잘 어울린다.
좋아하는 것은 축구, 야구, 자전거, 킥보드.

지유 아빠

스마트폰 앱을 만드는 프로그램 개발자.
벌레를 무서워하고, 겁이 많다.
가족에게 맛있는 요리를 해 주는 것을 좋아하고,
가족과 자연 속으로 캠핑 가는 것을 좋아하지만,
일이 너무 바빠서 가족에게 늘 미안한 마음을 갖고 있다.

지유 엄마

어린이책을 쓰는 작가.
호기심이 강하고, 대범한 성격이다.
요리는 아빠보다 못하지만,
집 정리와 청소는 누구보다 잘한다.
오래된 컴퓨터와 키보드를 수집하는 취미를 갖고 있다.

집 밖으로 나가면, 미션 시작!

"오늘도 킥보드 타고 갈 거야?"

엄마가 지유에게 토스트를 건네며 물었어.

지유는 떠지지 않는 눈을 억지로 들어 올리며 토스트를 받아 한 입 앙 물었어. 어젯밤에 아빠랑 새 게임에 대해 이야기하다가 늦게 잤더니 눈꺼풀이 무거웠지.

"오을 슬아랑 항교 끙나공……."

"다 먹고, 다 먹고 말해. 학교 끝나고 슬아랑 킥보드 탄다고? 길에서 타지 말고 꼭 공원 가서 타. 알겠지?"

"응, 응."

지유는 토스트를 오물오물 씹으며 고개를 끄덕였어.

"아빠랑 약속한 것도 있고, 오늘 꼭 킥보드 타야 해요."

서둘러 학교 갈 준비를 마친 지유는 스마트폰을 챙겨 현관에서 운동화를 신었어.

띠링!

마침 지유의 스마트폰에서 알림음이 울렸어. 확인해 보니 게임 앱 메시지 하나가 와 있었어.

게임 미션이 시작되었습니다.
집 밖으로 나가기 전에 기본 설정을 해 주세요.

이 게임은 지유의 아빠가 회사에서 새로 개발한 교육용 안전 게임이야. 게임하는 사람을 주인공으로 설정하고 자신과 주변 상황을 사진으로 찍어 전송하면 안전에 관한 미션을 받을 수 있어.

어젯밤, 아빠는 지유에게 시험판 게임을 해 달라는 부탁을 했어. 어린이가 직접 게임을 했을 때 어려운 점은 없는지, 게임에 오류는 없는지 미리 알아보려는 거야.

지유는 살짝 귀찮았지만 허락할 수밖에 없었어. 하루 동안 게임 미션을 다섯 개만 성공하면 편의점에서 쓸 수 있는 쿠폰을 준다고 했거든. 요즘 친구들과 편의점에서 군것질 쇼핑을 즐기는 지유에겐 너무 좋은 기회였어.

지유는 어젯밤에 아빠에게 배운 대로 기본 설정을 시작했어.

우선 집에서 나가기 전에 걸어갈지, 아니면 이동 수단을 이용할지부터 선택해야 해. 어떻게 선택하느냐에 따라 미션 내용이 바뀌거든. 지유는 이동 수단으로 '킥보드'를 선택했어.

안내선에 맞춰 사용자의 사진을 찍어 주세요.

그다음, 사용자의 사진을 찍으라는 안내 화면이 나왔어. 지유는 신발장 거울 앞에 서서 사진을 찍었어.

그때, 지유의 사진 옆으로 킥보드를 탈 때 필요한 보호 장비들이 게임 아이템처럼 등장했어. 보호 장비들은 예상대로 헬멧, 무릎 보호대, 팔꿈치 보호대, 운동화였어.

보호 장비 목록을 보는 순간 지유의 머리가 아찔해졌지.

'아침부터 땀이 뻘뻘 나는 이 날씨에 헬멧이랑 보호대를 하고 킥보드를 타라고?'

상상만 해도 짜증이 났어. 아마 두 걸음도 못 가서 보호대 안쪽에 땀이 차겠지. 게다가 오늘은 머리를 한껏 위로 올려 묶었는데 헬멧을 쓰라니!

지유는 거울 앞에 서서 묶은 머리를 만지작거렸어. 미션을 포기할까 잠시 고민이 되었거든.

'오늘 딱 마음에 들게 머리를 묶었는데……. 이 위에 헬멧을 쓰면 머리가 다 망가지겠지?'

미션만 성공하고 벗을까 싶어서 머리 위에 살짝 헬멧을 얹고 다시 사진을 찍어 봤어.

안 다치면 되는 거 아니야?

안전이라는 말을 들으면 따분한 잔소리처럼 느껴진다고? 평소에 굳이 안전 규칙을 모두 지키지 않아도 다치지 않는데 꼭 지켜야 하냐고? 어린이들에게 왜 안전을 강조하는지 전혀 모르겠다고 말하는 친구가 많더라. 안전이 얼마나 중요한지는 길에 사는 고양이, 알맹이도 알고 있는데 말이야.

안녕, 나는 길고양이 알맹이야.
학교 앞 공원이 내 휴식 공간이라
여기서 아이들을 정말 많이 봐 왔어.
그래서 말인데, 너희에게 꼭 하고 싶은 말이 있어.

너희는 조금 몸집이 커지면 안전이랑 멀어지더라? 이제 초등학교 문턱을 넘은 너희는 뭐든 자신만만해졌어. 조금 위험한 놀이를 즐겨도, 자전거나 킥보드, 인라인스케이트를 보호 장비 없이 타도 걱정이 없을 만큼 내 몸을 사용하는 데 능숙해졌다고 생각해. 하지만 그렇다고 안전을 무시해도 되는 걸까? 멋져 보이고 싶어서, 덥고 불편하니까, 거추장스러워서 무시한 내 안전은 누가 지켜 주지? 고양이도 안전한 착지를 위해 아기 때부터 온몸을 단련해. 다 큰 고양이가 됐다고 해서 착지의 법칙을 어기진 않지.

어린이가 안전해야 한다는 건 분명한데, 어린이의 안전은 어른들이 또 다른 보호 장치를 마련해야만 지킬 수 있는 걸까? 분명 어린이 스스로 안전을 지킬 수 있는 방법도 있을 거야.

동네 곳곳을 잘 살펴봐야 해

너무나 당연한 이야기지만 내 주변이 안전해야 나도 안전할 수 있어. 학교에서 학원 가는 길, 학원에서 집에 오는 길, 주변 공원이나 놀이터 등 네가 일상을 보내며 돌아다니는 곳이 어떻게 생겼고 무엇이 있는지 잘 살펴봐야 해. 혹시나 돌발 상황이 생겼을 때 빠르게 대처하기 위해서 말이야.

매일 다니는 길인데 뭘 더 둘러보냐고? 그런데 그거 알고 있니? 갑작스러운 상황에 놓이면 평소에 너무나 당연하다고 생각했던 것들도 새하얗게 잊어버릴 수도 있어. 불이 났는데 너무 당황한 나머지 119 전화

번호는 뭐냐고 물어보는 사람도 있다잖아. 우리 역시 당황하게 되면 도움을 요청하는 방법을 잊을 수도 있다는 말이야.

그러니까 우리가 안전을 위해 미리 알아 두어야 하는 건 무엇이고, 무엇을 실천해야 하는지 앞으로 하나씩 이야기해 볼게.

그럼 지유의 하루를 다시 들여다보자. 같이 이야기할 게 더 많아질 것 같거든.

등굣길 미션 전쟁

지유는 전날 아빠와 함께 게임 설정에 미리 주소를 입력해 두었어. 집 주소를 입력하니까 인공위성 지도가 떴어. 조금 복잡해 보이긴 했지만, 아빠랑 로드 맵을 검색해 보고 나니까 지도가 어디를 나타내는 건지 한눈에 알 수 있었어.

게임 화면은 곧 하얗게 길만 표시된 백지도*로 전환됐어. 이제부터는 게임을 하는 사람이 자신의 동네를 탐색하며 표시해야 해. 이

***백지도**: 기본 정보를 나타내는 지도. 도시나 길, 철길, 하천 등이 글자 없이 선으로만 표시되어 있다.

것도 기본 미션이야.

"일단 시간이 없으니까 기본 미션은 나중에!"

지유는 출발지를 집으로, 도착지를 학교로 설정한 다음 킥보드를 타고 슬아와 만나기로 약속한 사거리까지 달려갔어.

사거리는 이미 등교하는 아이들로 북적였어. 킥보드나 자전거를 타고 등교하는 친구들도 있었고, 걸어가는 친구들도 있었어. 아직 슬아가 도착하지 않은 걸 확인한 지유는 잠시 그늘에 서서 헬멧을 벗고 땀을 식혔어.

"정말 덥다, 더워!"

그때, 저 멀리서 슬아가 시원하게 바람을 가르며 달려오고 있었어. 지유를 발견한 슬아는 속도를 최대로 끌어 올렸어.

"오, 백슬아 멋진데."

지유는 머리카락을 날리며 킥보드를 타고 오는 슬아의 모습을 보고 재빨리 스마트폰을 꺼내 사진을 찍었어.

그때, 스마트폰에서 요란한 알림음이 울리기 시작했어.

"응? 미션 실패 위기?"

지유는 재빨리 메시지를 터치해서 게임 화면을 열어 보았어. 그러자 슬아 사진에 경고 문구가 떠 있는 거야. 헬멧과 보호대를 하지 않은 슬아의 모습이 문제가 된 모양이야.

"뭐 해?"

슬아가 지유에게 다가와 물었어.

"네 사진을 찍으니까 안전 게임 앱에서 경고음이 울렸어. 신기하지?"

지유가 스마트폰을 슬아의 얼굴 앞으로 내밀었어.

이 게임은 게임을 하는 사람에게만 미션이 적용되는 게 아니었어. 주변 사람의 사진을 찍어 전송하면 그 사람도 미션에 참여할 수 있었지.

미션에 실패할까 봐 걱정하던 지유는 슬그머니 미소를 지었어.

"경고? 내가 왜? 킥보드 속도위반?"

슬아가 동그란 눈으로 게임 화면을 보더니 크게 웃었어.

게임 화면에는 사진 속 슬아의 머리와 팔다리에 경고 표시가 되어 있었어.

"하하하. 나 보호 장비 안 해서 걸렸어? 이거 너희 아빠 회사 새로운 게임이야?"

"응. 아빠가 이번에 새로 개발한 게임인데 미션을 다섯 개 성공하면 편의점 쿠폰을 준대."

지유는 게임 경고 문구를 터치해 봤지만, 화면에는 아무 반응이 없었어.

"편의점 쿠폰을 준다고? 아, 그럼 해야지!"

슬아는 급하게 가방에서 보호대와 헬멧을 꺼냈어.

"뭐야? 이걸 가방에 넣고 다녔어?"

지유는 너무 황당했어.

"엄마가 억지로 넣어 둔 거야. 근데 이게 이렇게 쓰이네."

슬아는 재빨리 헬멧을 쓰고 보호대를 꼈어.

"이제 다시 사진 찍어 봐!"

슬아가 허리에 척, 손을 올리고 말했어.

지유는 신이 나서 얼른 다시 사진을 찍었어.

두 번째 미션을 성공했습니다.
보호 장비를 모두 착용한 멋진 친구! 🙂

"이것 봐! 미션 성공이야!"

슬아의 사진에 미션 성공 메시지가 떴어. 게임 속 주머니를 터치

하니 별이 적립됐지. 이걸로 벌써 별을 두 개나 적립한 지유는 신이 났어.

지유는 다시 주변을 빙 둘러봤어. 아는 친구를 만나면 미션에 참여해 달라고 할 생각이었거든.

"아침부터 길에서 뭐 하냐? 길에서 스마트폰 금지 몰라?"

자전거를 타고 등교하던 민준이가 지유와 슬아 옆에 섰어. 지유는 다시 스마트폰을 들어 올렸어.

"강민준! 사진 하나만 찍자!"

찰칵!

"아, 홍지유 뭐야! 왜 사진을 찍고 난리……."

삐삐빅!

짜증을 내던 민준이가 경고음에 깜짝 놀라 스마트폰 쪽으로 얼굴을 내밀었어.

"이거 무슨 소리야?"

"강민준, 너도 경고다! 푸하하하."

슬아가 웃으며 스마트폰 속 민준이의 사진을 가리켰어.

"이거 뭐야? 나 왜 경고야?"

당황한 민준이는 지유와 슬아를 번갈아 쳐다봤어.

"자전거 탈 때 헬멧이랑 보호대 해야 해서 경고 뜬 거야. 이거 우리 아빠네 회사 새로운 게임이야."

지유가 민준이에게도 게임에 대해 설명해 주었지.

"난 헬멧 썼잖아."

민준이가 머리에 쓴 헬멧을 가리키며 말했어.

"보호대가 없잖아."

슬아가 자기 팔꿈치에 있는 보호대를 가리켰어.

"민준이가 신은 슬리퍼에도 경고가 떴어."

지유는 민준이의 슬리퍼를 가리켰지.

"민준이가 집에 다시 다녀오지 않는 이상, 미션 성공은 어렵겠는걸."

슬아는 민준이의 슬리퍼를 보며 아쉬워했어.

"나보고 지금 집에 다시 갔다 오라고? 그건 안 되겠다. 지금 지각까지 5분밖에 안 남았어. 너네도 빨리 킥보드 주차해야 할걸."

민준이는 서둘러 자전거 보관대에 자전거를 세우고 휙 달려가 버렸어.

달려가는 민준이에게 지유가 외쳤어.

"야, 내일은 꼭 운동화 신고 와!"

"가자, 교실에 가서 애들이랑 머리를 모아 보자."

편의점 쿠폰에 꽂힌 슬아는 지유의 어깨를 툭 치며 윙크했어.

헬멧과 보호대, 안 쓰면 안 되는 걸까?

킥보드를 탈 때는 안전을 위해 헬멧과 보호대를 꼭 착용해야 해. 하지만 헬멧과 보호대 없이 킥보드를 타는 어린이가 종종 있지. 가끔 깜빡하거나 답답해서 그랬다고? 그럼 이젠 절대 잊어버리지 않도록 다시 확인해 보자.

아래 그림을 보면 친구들이 스케이트보드나 인라인스케이트, 자전거나 킥보드를 타기 위해 헬멧과 보호대를 착용하고 있어. 그런데 뭔가 빠진 곳이 있는 것 같지? 무엇이 빠졌는지 찾아봐!

우리 몸의 중요한 뼈와 관절을 보호해야 해

성장판

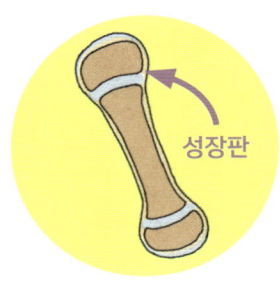

뼈와 뼈 사이에 연골 조직으로 이루어진 성장판은 새로운 뼈조직을 만들어 내는 부위야. 성장판을 다치면 성장에 문제가 생길 수 있으니 꼭 보호대를 해야 해.

머리뼈

머리뼈는 뇌를 감싸고 있는 뼈와 얼굴을 감싸고 있는 코뼈, 광대뼈, 턱뼈 등을 말해. 머리뼈는 뇌를 감싸고 있어서 무척 중요한 부위지. 하

지만 충격에 매우 약하기 때문에 자전거나 킥보드를 탈 때 헬멧을 꼭 써야 해. 턱 아래에서 끈을 조절해서 머리에 딱 맞게 쓰는 게 중요해.

척추

척추는 머리뼈 아래부터 엉덩이까지 이어져 몸을 지탱하는 뼈야. 척추는 몸의 감각을 담당하는 수많은 신경이 지나가는 통로이기 때문에 무척 중요한 기관이니 다치지 않게 주의해야 해.

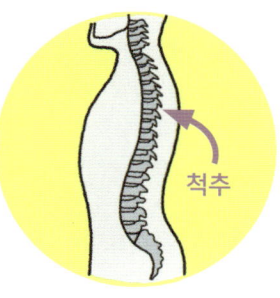

척추

꼭 기억해 둬야 하는 RICE 응급 처치법!

다쳤을 때를 대비해 RICE 응급 처치법을 기억해 두면 좋아. 주로 뼈가 부러지거나 인대나 근육을 다쳤을 때 임시로 치료하는 방법이야.

Rest(안정): 우선 다친 부위를 최대한 움직이지 말고 휴식해야 해.

Ice(얼음찜질): 병원에 바로 갈 수 없다면 다친 부위에 얼음팩을 올려 찜질하면 통증을 줄일 수 있어. 이때 얼음팩은 피부에 직접 닿지 않게 수건으로 감싸고 20분 이내로 찜질해야 해.

Compression(압박): 다친 부위가 부어 있다면 탄력 붕대를 감아 압박해 주면 도움이 돼. 하지만 혈액 순환에 방해되지 않을 만큼의 강도로 압박해야 해.

Elevation(다친 부위 높이기): 다친 부위를 심장보다 높은 곳에 위치시키는 게 마지막 단계야. 혈액이 다친 곳으로 몰리지 않게 하기 위해 베개 등을 이용해 다친 부위의 위치를 높이는 거지.

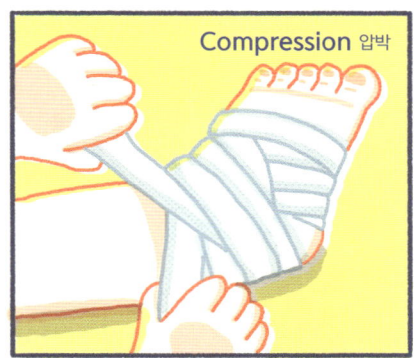
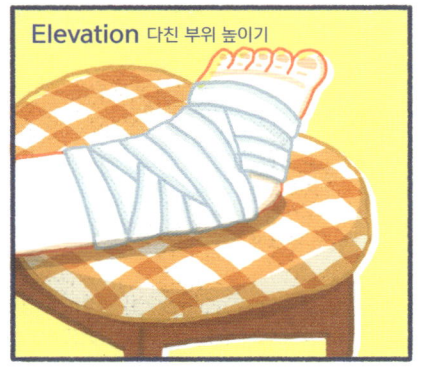

어른의 도움을 받아 응급 처치한 뒤에 바로 병원으로 가자.

내 손으로 완성하는 맵핑 미션

 지유와 슬아는 교실로 들어와서도 계속해서 게임 이야기를 이어 갔어. 지유 앞자리에 앉는 민준이도 게임에 은근히 관심이 갔는지 자기도 모르게 어깨 한쪽이 뒷자리로 향해 있었지.

"아침에 미뤄 둔 기본 미션이 하나 있어."

 지유는 게임 앱에서 맵핑을 실행했어.

"어제 아빠랑 주소를 입력하니까 인공위성 지도가 나오더라고. 그러고는 백지도로 전환됐어. 내가 여기에 정보를 입력해야 지도가 완성되는 것 같아."

지유가 지도를 보며 설명했어.

"우리 동네에 무엇이 있는지 살펴보고 입력하기?"

슬아가 게임에 있는 설명 문구를 읽었어.

"이 지도를 바탕으로 게임을 하는 거래. 출발지를 우리 집으로 하고 도착지를 학교로 해 두었으니까 그 사이에 뭐가 있는지 표시하면 되는 건가 봐."

지유는 아빠에게 들은 이야기를 친구들에게도 간략하게 설명하고선 기억나는 대로 입력해 봤어.

"일단 편의점부터!"

집과 학교 사이에는 모두 두 개의 편의점이 있었어.

딩동!

편의점을 입력하자 정답임을 알리는 알림음이 들렸어.

"편의점도 안전이랑 관련이 있나 봐."

슬아가 머리를 긁적였어.

그때, 민준이가 몸을 휙 돌리며 말했어.

"안전이랑 관련된 거면 경찰서부터 입력해야지. 우리 학교 정문 쪽에 경찰서 있잖아!"

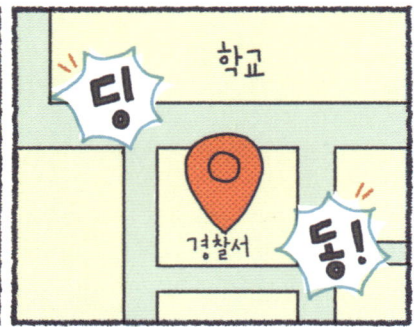

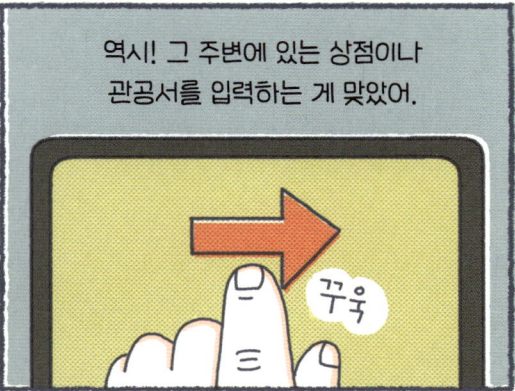

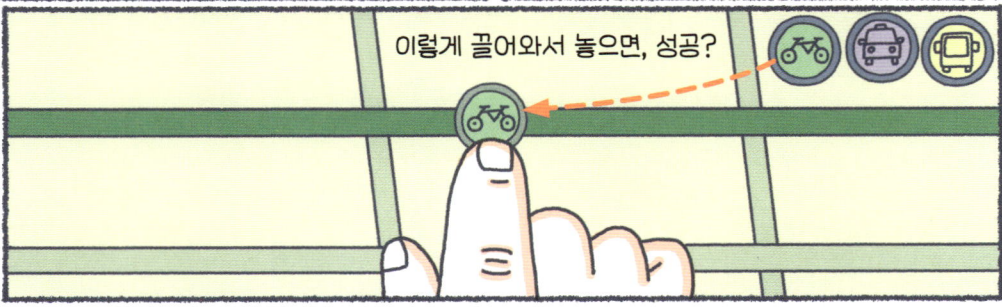

설정한 구역의 도로 이름은 무엇인가요?

도로 이름? 도로명 주소에 나오는 그 도로명?

이건 힌트 없이는 몰랐을 거야. 주소가 안전이랑 관련이 있나?

그런가 봐. 생각보다 다양한 미션이 있네. 혹시 정답 알아?

아니!! 절레 절레

학교 주변 도로명은 모르는데?

댕도댕도

지유는 쉽지 않겠다는 생각이 들었어.

아침까지만 해도 아빠 잔소리 같은 게임이라고 생각했는데, 지도에 주변 건물과 자전거 도로까지 입력하다 보니 동네를 탐험하는 느낌이 들었어. 평소 이렇게까지 동네를 구석구석 살펴본 적은 없었거든.

매일 다니는 길은 정해져 있었고, 어디를 가든 친구나 엄마, 아빠와 함께 다녔기 때문에 특별히 길을 잃은 적도 없었어. 그러니 동네에 어떤 시설이 있는지 유심히 관찰할 필요가 없었지.

지유는 수업 시간 내내 게임 생각뿐이었어. 슬아도 혼자 중얼거리며 뭔가를 끼적이는 걸 보니 지유와 같은 생각을 하는 것 같았어.

'어쩌면 아침에 성공한 보호 장비 착용 미션은 이 게임에서 가장 쉬운 미션이었는지도 몰라.'

지유는 어서 수업이 끝나길 기다리며 머릿속으로 게임 내용만 되짚었어.

기린로 225
Girin-ro 225

내가 서 있는 곳의 숫자를 읽어 봐!

내가 있는 위치를 가장 정확하게 알릴 수 있는 방법은 무엇일까? 지금부터 위급할 때 내가 있는 곳의 위치를 확인하는 방법을 알려 줄게.

우리 집 도로명 주소는 누구나 알고 있지만, 도로명 주소 표지판을 읽는 방법까지 아는 친구들은 의외로 많지 않아.

도로명 주소는 도로 이름과 건물 번호로 구성된 주소 체계야. 도로명 주소의 특징은 땅을 나눠 번호를 매긴 옛 주소와는 달리 도로를 기준으로 건물이나 땅에 번호를 매긴다는 거야. 도로의 폭과 길이에 따라 '대로, 로, 길'로 구분하고 도로의 왼쪽에 있는 건물에는 홀수, 오른쪽에 있는 건물에는 짝수 번호가 붙어.

자, 이제 우리 주변에 있는 도로명 주소 표지판을 살펴보자!

조금 낯설지만 알아 두면 좋은 숫자

낯선 곳에서 길을 잃거나 위험한 순간에 신고가 필요할 때, 내가 있는 장소의 위치를 이렇게 확인해 보자.

요즘에는 공중전화가 옛날처럼 많지는 않지만 포털 사이트를 통해 공중전화 위치를 검색해서 미리 알아 둘 수 있어. 스마트폰이 없거나 동전이 없어도 공중전화의 긴급 통화 버튼을 누르면 119나 112에 전화를 걸 수 있지.

119나 112에 신고할 때 주변에 건물이 없다면 전봇대를 찾자. 전봇대에 표시된 고유 번호를 전달하는 거지. 이 번호를 알려 주면 소방서나 경찰서에서 좀 더 빠르게 신고자의 위치를 파악할 수 있어.

스마트폰이 있다면 지도 앱을 이용할 수도 있어. 지도 앱에서 내 위치를 누르면 GPS를 통해 빨간색 물방울 모양의 아이콘이 뜰 거야. 그때, 공유 버튼을 누르면 다른 사람에게 내가 있는 장소의 위도와 경도를 전송할 수 있단다.

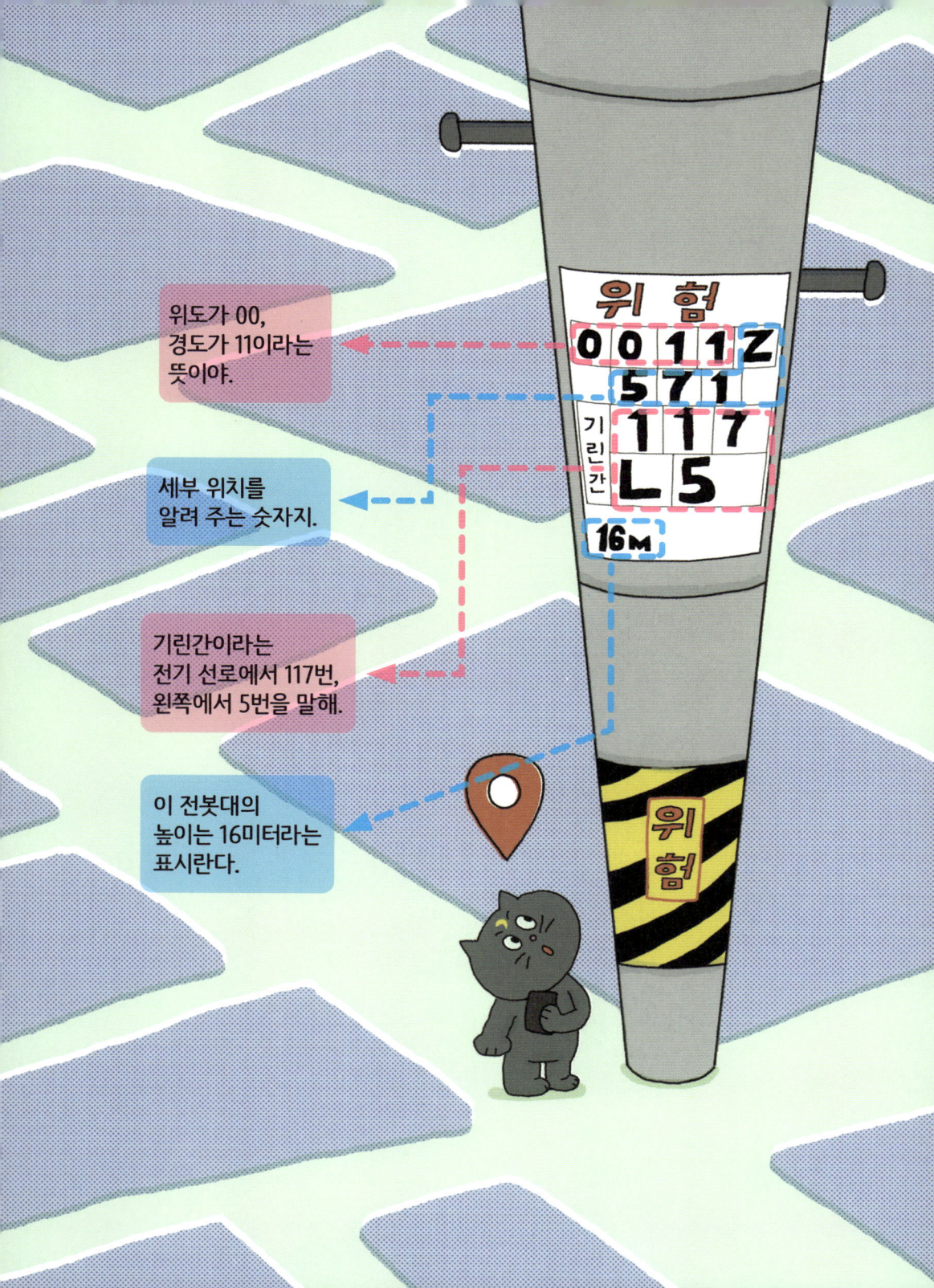

어린이 공원에서 미션을 잡아라!

수업이 모두 끝나자, 민준이는 재빨리 가방에서 스마트폰을 꺼내 검색했어.

"학교 앞 도로명은 기린로 225야."

"오케이! 강민준 빠른 검색 땡큐! 지유야, 이번 미션 성공하면 별 세 개?"

신이 난 슬아가 지유를 쳐다보며 찡긋했어.

"응, 빨리 입력하고 어린이 공원 가자."

지유가 스마트폰을 꺼내 재빠르게 도로명 주소를 입력했어. 하지만 어쩐 일인지 미션 성공 메시지가 뜨지 않았어.

"어? 어떻게 된 거지?"

지유는 당황했어.

"이게 다가 아닌가 봐. 일단 어린이 공원에 먼저 가자. 공원 가는 길에 힌트를 얻을 수도 있잖아."

슬아와 지유는 서둘러 가방을 메고 교실 밖으로 뛰어나갔어. 게임 미션도 중요했지만 짧은 자유 시간도 중요했거든. 둘이 늘 학원 시간이 엇갈려서 놀 수 있는 시간이 별로 없기 때문이야. 오늘도 오랜만에 함께 킥보드를 타기로 한 날인데 이렇게 시간을 흘려보낼 수는 없었어.

"너네 어린이 공원 갈 거야? 나도 갈래."

자전거 보관대에서 자물쇠를 풀던 민준이가 지유에게 말했어.

"그래, 같이 가자. 게임 미션 푸는 것 좀 도와주라."

지유는 민준이의 말이 반가웠어. 한 명이라도 더 참여해야 미션을 다 풀 수 있을 것 같았거든.

지유와 슬아는 킥보드를 타고, 민준이는 자전거를 타고 어린이 공원으로 갔어.

슬아와 지유는 킥보드를 타고 천천히 발을 구르면서 게임 이야기를 이어 갔어.

"그런데 지도 미션은 왜 넘어가질 않은 거지?"

슬아가 물었어.

"그냥 힌트를 써서 지도 미션을 일단 풀어."

민준이는 자전거를 타고 슬아와 지유 뒤를 따라 슬슬 공원 주변을 돌면서 이야기했어.

"일단 다른 미션을 더 해결할래. 힌트는 최대한 아꼈다가 마지막에 써야겠어."

지유는 힌트를 최대한 신중하게 쓰고 싶었어. 조금 어렵다고 써 버리면 안 될 것 같았거든.

"그래, 이제 힌트도 두 개밖에 안 남았잖아."

슬아도 같은 생각이었지.

"야, 그러다 오늘 하루 동안 다섯 개 다 성공할 수 있겠어?"

민준이는 답답하다는 듯 말했어.

그때, 공원 옆 놀이터에서 누군가 민준이의 이름을 부르는 목소리가 들렸어.

"앗, 백산이가 부른다! 나 잠깐 다녀올게. 너네 미션 잘 고민해 봐!"

민준이는 바로 옆에 있는 놀이터를 향해 자전거 페달을 굴렸어.

"어휴, 도와줄 것처럼 하더니 결국 저렇게 가 버리잖아!"

슬아는 민준이의 뒷모습을 보면서 씩씩거렸어.

"그러니까, 내 말이! 강민준은 잠깐 놀게 두고, 우린 새 미션부터 찾아보자."

지유는 다시 게임 앱을 켰어.

주인공도 설정했고, 지도도 거의 다 그렸고, 이동 수단 미션도 성공했어. 그다음 미션은 뭘까?

게임 화면에는 현재 위치를 지도 위에 표시하라는 안내가 나왔지. 다시 게임을 시작했으니 장소가 바뀌었는지 확인하는 것 같았어. 지유는 위치를 어린이 공원으로 지정했어. 그러자 게임에서 새로운 메시지가 나왔어.

놀이터 풍경을 사진으로 찍어 주세요.

"오, 새로운 미션이다!"

지유가 반가워서 소리쳤어.

지유는 재빨리 놀이터 앞에서 사진을 찍었어. 화면에는 커다란 경고 아이콘이 떴어.

"여기는 주로 어린이들이 많이 오는 곳이라서 미션 장소로 지정됐나 봐!"

"앗, 얘 강민준 아냐?"

지유는 경고 아이콘이 떠 있는 게임 화면을 가리켰어. 화면 속에는 드럼통처럼 생긴 미끄럼틀 위로 올라가 아슬아슬하게 미끄럼틀 지붕을 잡고 서 있는 민준이가 있었어.

"강민준! 너 또 경고야, 경고!"

슬아가 민준이를 향해 소리쳤어.

슬아의 목소리를 듣고 민준이가 헐레벌떡 뛰어왔어.

"헉헉, 나? 나 왜 또 경고야? 미션 발견?"

"강민준, 오늘 경고만 두 개야. 도움 하나, 경고 두 개니까 마이너스 1점이라고!"

슬아가 빙글빙글 웃으며 민준이를 놀렸어.

"백슬아, 내가 별 없앤 것처럼 말하지 마라. 잠깐, 이 미션은 앞에서 했던 거랑 조금 다르네?"

민준이가 게임 화면을 보며 말했어.

"응. 이번 미션은 여기서 안전하지 않은 상황을 골라서 모두 표시해야 하는 것 같아. 힌트 없이 할 수 있겠는걸."

지유가 씩 웃으면서 말했어.

슬아는 사진 속 민준이를 가장 먼저 터치했지. 그러자 반가운 알림음이 울렸어.

딩동!

"하하하. 강민준 이제 마이너스 아니다. 내가 구제해 줬다!"

"아이고, 녜녜. 감솨합니돠! 백슬아 잘났다!"

슬아와 민준이의 장난에 지유도 크게 웃었어.

"하하하. 이 경고 표시가 사라질 때까지 모두 찾아 터치해야 하나 봐. 여기, 여기도 정답일 거야!"

지유와 슬아, 민준이의 손가락이 바빠지기 시작했어.

위험해 보이는 상황을 찾아봐!

지유와 슬아, 민준이와 함께 미션을 풀어 보자. 오늘 안에 미션을 모두 해결하려면 지유를 도와줘야 할 것 같아. 안전해 보이지 않는, 그러니까 위험한 상황들을 찾아 표시해 봐.

이제 남은 별은 두 개

딩동!

지유와 슬아, 민준이는 위험해 보이는 상황을 찾아 표시하는 미션을 드디어 모두 성공했어.

세 번째 미션을 성공했습니다.

두둑한 주머니에서 세 번째 별이 또르르 나왔어. 지유와 슬아는 얼싸안고 펄쩍펄쩍 뛰었어.

"와! 세 번째 별이야! 이제 미션 두 개만 더 하면 돼!"

지유와 슬아를 보고 함께 폴짝폴짝 뛰던 민준이가 주변을 계속 두리번거렸어.

그때, 저 멀리서 백산이가 자전거를 타고 나타났어.

"강민준, 이렇게 헬멧이랑 보호대 하고 자전거 타면 홍지유가 편의점에서 쏘는 거 맞지?"

백산이는 헬멧과 보호대, 운동화까지 말끔하게 착용한 채로 자전거를 타고 달려왔어. 민준이는 흡족한 표정을 지었지.

"강민준, 진짜 대박! 언제 백산이한테까지 미션 얘기해 준 거야?"

슬아는 배를 잡고 웃었어.

"그렇게 미션 풀어서 언제 다 끝낼래? 아까 아침처럼 백산이를 찍어서 미션에 등록하면 되잖아. 슬아 사진 찍고 별 받았다면서."

민준이가 어깨를 으쓱거렸어.

"오, 머리 좀 썼네. 백산아, 우선 헬멧 벗고 하나 찍어야 돼."

백산이가 헬멧을 벗자 지유가 사진을 찍었어. 그리고 나서 보호 장비를 바르게 착용하고 한 컷 더 찍었지.

"이제 전체 미션 성공하는 건 시간문제네."

슬아는 편의점 갈 생각에 들떠 있었어. 슬아뿐만 아니라 모두 기대에 찬 눈빛이었지.

그런데 백산이 사진을 전송해도 게임 앱에서는 아무런 반응이 없었어.

"엥? 미션 참여가 안 되네? 이거 오류 아니야?"

민준이가 물었어.

"아, 아니. 잠깐만……. 게임 앱 실행하고 사진 찍으면 바로 적용됐는데……. 앗!"

당황한 지유는 이것저것 누르다가 물음표를 눌러 버렸어.

친구 미션은 이미 끝났습니다.
사용자 이외에 친구 사진으로
미션을 달성할 기회는 단 한 번뿐입니다!

아이들은 할 말을 잃었어. 슬아가 친구 미션을 한 번 성공했기 때문에 더 이상 친구 미션은 쓸 수 없었어.

"친구 미션도 안 되고, 힌트도 하나 잃었어……."

들떠 있던 슬아는 바람 빠진 풍선처럼 흐느적거렸어.

"아, 아침에 요령 부려 봤자 소용없다는 걸 알았는데! 내가 왜 그랬지. 흑."

지유도 너무나 속상했지.

"뭐야? 미션 실패? 그럼 이제 편의점은 못 가? 그런 거야?"

백산이가 울상을 지었어. 민준이 말만 믿고 놀다가 보호대를 착용하기 위해 집에 다녀오는 수고를 했는데 허탕이 된 거야.

민준이는 울먹울먹하는 백산이 얼굴을 보자 당황하며 얼른 백산

이 어깨에 팔을 둘렀어.

"아냐, 지금 가자. 편의점. 미션은 실패했지만 내, 내가 쏘면 되잖아. 백산이, 너 뭐 먹고 싶어?"

민준이는 지유와 슬아에게 황급히 인사를 하고선 백산이와 자전거를 타고 편의점으로 가 버렸어.

슬아도 시계를 보더니 지유에게 아쉬운 표정으로 말했어.

"지유야, 나 이제 학원 갈 시간이야……. 내일 다시 도전해 보자. 우리 내일은 미션 작전부터 세우는 거야. 괜찮지?"

지유는 어색하게 웃었어.

"오늘 미션 다섯 개 다 성공할 줄 알았는데……. 힛, 괜찮아, 괜찮아. 정말로."

슬아와 지유는 킥보드를 챙겨서 공원을 빠져나왔어.

그때, 학원에 가던 슬아 오빠가 슬아를 발견했어.

"백슬아, 학원 아직도 안 갔냐? 빨리 가. 늦어."

"오빠나 빨리 가. 난 아직 안 늦었거든? 지유야, 잘 가! 이따 연락할게!"

슬아는 지유에게 손을 흔들더니, 킥보드를 탄 오빠와 속도 경쟁을 하듯 빠르게 학원으로 향했어. 그 모습을 뒤에서 지켜보던 지유는 자기도 모르게 생각했지.

'내일 슬아 폰에도 이 게임, 깔아 줘야겠어.'

지유는 터덜터덜 집으로 향했어. 세 명이나 힘을 합쳐도 미션을 모두 깰 수 없다니 게임이 너무 어려운 건 아닌가 하는 생각도 들었어. 아니면 두 번이나 요령을 부려서 미션이 더 꼬인 건 아닌지 후회도 됐고 말이야.

아빠는 이 게임을 왜 만든 걸까? 교육용 게임이기 때문에 게임이 끝난 뒤엔 편의점 쿠폰 말고도 얻는 게 있어야 했어. 지유는 아직 거기까진 알 수가 없었어.

마침 지유의 스마트폰이 울렸어. 엄마의 전화였지.

"지유, 이제 집에 오는 길이지? 올 때 편의점 들러서 우유 하나만 사다 줄래?"

"네, 엄마."

지유는 전화를 끊고 편의점에 가려고 횡단보도 앞에 섰어. 횡단보도 옆에는 노란색 학원 버스가 서 있었지.

'원래 저기가 학원 버스 타는 곳이었나?'

그런데 그때 한 아이가 학원 버스에서 내리더니 횡단보도로 달려 나갔어. 보행자 신호등은 빨간불이었는데 말이야. 마주 오던 자동차가 놀랐는지 요란하게 경적을 울렸고, 학원 선생님도 헐레벌떡 차에서 뛰쳐나왔어. 횡단보도 앞에 서 있던 사람들도 모두 깜짝 놀라 그 아이를 쳐다봤지.

"죄송합니다!"

아이는 큰 소리로 외치고는 뒤도 돌아보지 않고 뛰어가 버렸어. 학원 선생님은 가슴을 쓸어내리며 다시 학원 버스에 올랐어.

횡단보도 주변에 있던 어른들은 혀를 찼어.

"어휴, 하마터면 사고 날 뻔했지, 뭐야."

"여기가 어린이 보호 구역이라 자동차가 속도를 줄였으니 망정이지. 안 그랬으면 진짜 큰일 날 뻔했어."

지유의 귀에도 어른들의 이야기가 들렸지.

신호등이 파란불로 바뀌었어. 지유는 킥보드를 끌고 횡단보도를 건너 편의점에 가서 우유를 샀어. 우유도 샀으니 이제 지유도 집으로 가야 해.

지유는 미션을 모두 성공하지 못한 게 못내 아쉬웠어.

'아무리 생각해도 너무 아쉬워. 슬아랑 민준이도 실망했겠지?'

집 앞에 도착하자, 게임 미션쯤이야 자신 있다며 킥보드를 타고 야심 차게 발을 구르던 아침의 홍지유가 떠올랐어.

결국 미션은 내일 처음부터 다시 시작해야 하는 걸까?

어린이를 보호하는 구역

우리가 매일 학교에 가기 위해 지나다니는 그 길은 모두 어린이 보호 구역이야. 어떤 방법으로 어린이를 보호하는 구역이냐고?

'어린이 보호 구역'이라는 말과 '스쿨 존'은 둘 다 같은 말이야. 동네마다 지역마다 조금씩 다른 표지판을 사용하지만 모두 노란색으로 표시되어 있어. 유치원이나 초등학교 정문 300미터 이내의 통학로에서 어린이를 보호하고 어린이 교통사고를 줄이기 위해 만든 구역이야. 이런 내용은 '어린이 보호 구역 지정 및 관리에 관한 규칙'으

로 정해져 있어.

　어린이를 보호하기 위한 또 다른 장치도 있지. 어린이 보호 구역에서는 안전 표지판, 도로 반사경, 과속 방지 턱을 의무적으로 설치해야 해. 그리고 자동차는 어린이 보호 구역 안에 정차하거나 주차할 수 없고, 시속 30킬로미터 이하로 달려야 해. 그리고 학교 주변에는 어린이에게 해로운 환경이 될 수 있는 노래방, 술집, 오락실, 피시방 등이 들어설 수 없어.

　학교에 가는 길, 우리 동네에는 어디에 어떤 표지판과 도로 반사경이 있는지 잘 살펴보자!

그린 푸드 존과 아동 안전 지킴이 집

학교와 그 주변은 '그린 푸드 존'이라고 해서 어린이 식품 안전 보호 구역으로도 지정되어 있어. 학교 안에 있는 매점뿐 아니라 학교 주변 200미터 범위 안에 있는 문방구, 슈퍼마켓 등에서는 어린이의 건강을 위협하는 식품을 판매할 수 없지. 이는 '어린이 식생활 안전 관리 특별법'에 따라 정해진 제도야.

그리고 학교 주변에서 위급한 상황이 생겼을 때 몸을 피할 수 있는 곳을 지정해 두었는데 이런 곳을 '아동 안전 지킴이 집'이라고 해. 학교 주변이나 통학로, 공원 주변에 있는 문구점, 편의점, 약국 등이 주로 아동 안전 지킴이 집으로 지정되어 있지.

아동 안전 지킴이 집은 경찰서의 심의를 거쳐 지정되고, 지정된 곳에는 출입문 등에 아동 안전 지킴이 집 로고가 그려진 스티커를 붙일 수 있어. 이곳에서 일하는 사람은 모두 아동 안전 지킴 행동 수칙 교육을 받아야 해.

아직 미션은
끝나지 않았다!

지유는 집에 들어가기 전에 게임 앱을 다시 켰어. 집에 도착하기 전에 미션 종료 버튼을 눌러야 했거든. 그래야 내일 다시 게임을 시작할 수 있었어.

맵을 모두 완성한 뒤에 종료해 주세요.

게임 앱에서 메시지가 떴어.
'맵핑을 끝내라고? 뭘 더 추가해야 하는지 전혀 모르겠는데…….

어떡하지?'

그때, 마지막 힌트가 남아 있는 게 떠올랐어.

지유는 곰곰 생각해 봤어. 어차피 오늘 미션은 실패했다고 하더라도, 내일 슬아랑 미션 작전을 짜려면 지도에 어떤 걸 추가해야 하는지 아는 것도 중요했어.

'그래, 마지막 힌트까지 활용해 보자!'

지유는 물음표 아이콘을 눌렀어. 그러자 이런 메시지가 떴지.

우리 동네 어린이 보호 구역은 어디인가요?

지유는 잠시 멍해졌어. 아까 횡단보도에서 있었던 일이 퍼뜩 떠올랐어.

'이거였구나! 어린이 보호 구역을 표시해야 했어!'

지유는 자기도 모르게 손뼉을 쳤어.

지유는 아까 사고가 날 뻔했던 어린이 보호 구역을 기억해 냈어. 학교 앞 어린이 보호 구역 표지판과 어린이 공원에 붙어 있던 안내문을 떠올리며 어린이 보호 구역을 모조리 지도에 입력했어.

그러자 게임 앱에서 **딩동!** 소리와 함께 메시지가 떴어.

**홍지유 어린이 주변에 있는
어린이 보호 구역 맵핑이 완성되었습니다!**

메시지 다음에는 그토록 기다렸던 주머니가 등장했지. 주머니에서 별이 또르르 나와 적립됐어.

지유는 너무 기뻐서 펄쩍펄쩍 뛰었어.

하지만 오늘 적립한 별은 총 네 개. 편의점 쿠폰을 받기에는 별 한 개가 부족했어.

'후, 결국 오늘은 미션 실패네. 그래도 첫날인데 네 개까지 모은 건 정말 잘한 거야. 오늘 미션 내용을 거의 다 파악했으니까 내일은 편의점 쿠폰을 받을 수 있겠지?'

지유는 우선 집으로 들어가서 슬아에게 전화를 하기로 마음먹고 현관문을 열었어.

"지유야, 우유는? 혹시 이거 미션 끝내고 쿠폰으로 산 거야?"

엄마가 웃으며 말했어.

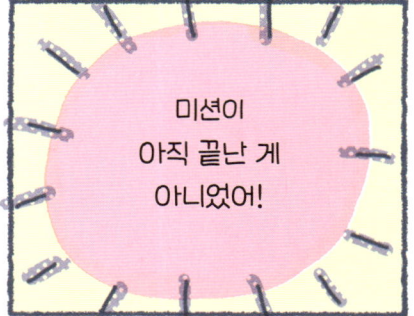

오늘의 안전 미션을 실행하면서
새롭게 알게 된 사실, 세 가지를 입력해 주세요.

아빠와 이야기를 마치고 방에 들어온 지유는 너무너무 설렜어. 미션을 성공하고 받은 편의점 쿠폰과 아빠가 준 쿠폰까지, 단번에 쿠폰 부자가 됐잖아. 내일은 민준이와 슬아, 백산이까지 모두 같이 큰길 건너에 있는 편의점에서 간식 쇼핑을 할 거야.

지유는 아이들을 단톡방에 불러 모았어. 모든 미션을 성공했다는 소식과 함께 내일 편의점으로 출동하자는 계획을 이야기하자 아이들이 기뻐했어.

민준이는 지유가 대단하다며 내일 미션에 또 도전하자고도 했지. 그때, 슬아가 한마디 던졌어.

근데, 큰길 건너에 있는 편의점까지 가려면 새로운 안전 지도를 맵핑해야 하는 거야?

'집에서 학교를 거쳐 큰길까지 이어지는 지도를 그리려면 어마어마할 텐데! 이 게임……. 또 시작해야 할까?'

갑자기 지유의 머리가 지끈거리기 시작했어.

우리가 안전 규칙을 알아야 하는 이유!

　지금까지 지유의 게임 미션을 통해서 어린이 보호 구역과 그 밖에 어린이 안전 규칙을 살펴봤어. 이러한 법과 규칙은 꼼꼼하게 알고 기억하는 것도 중요하지만 실천하는 게 더 중요해. 안전이 우리의 평범한 하루를 지켜 주는 거니까.

　엄마, 아빠의 잔소리라고만 생각하지 말고 스스로 이 질문에 대답해 보자.

　안전 규칙을 지키지 않아도 다치지만 않는다면 상관없는 걸까? 너무 귀찮을 때 한 번

정도는 안전 규칙을 지키지 않아도 괜찮을까? 보는 사람이 없다면 가끔은 안전 규칙을 무시해도 될까?

이 질문에 고개를 절레절레 저었다면 마음속에 안전 게임 미션을 저장해 줘. 매일매일 안전 규칙을 오늘의 미션이라고 생각하고 꼭 지켜 주길 바랄게!

또 누가 알아? 주변에서 우리를 지켜보던 고양이, 알맹이가 다가와 미션 성공을 축하해 줄지!

어린이가 알아 두면 좋은 안전 표지판

내일 지유와 친구들이 큰길 건너에 있는 편의점에 가기 전에 표지판을 잘 알고 있는지 확인해 보자.

1. 길을 걸어갈 때 이 표지판을 보면 일단 멈추자

도로 공사 중   위험   철도 건널목   보행자 보행 금지

공사 중이거나 철도 건널목과 같은 곳에는 보행자에게 주의를 주기 위해 위험 표지판이나 보행자 보행 금지 표지판을 설치해 두고 있어. 이런 표지판을 보면 멈추고 다른 길로 가자.

횡단보도

어린이 보호

횡단보도 표지판은 횡단보도가 있는 곳이니 운전자는 속도를 줄이라는 뜻을 담고 있어. 어린이 보호 표지판도 마찬가지야. 길을 걸어가는 보행자 역시 교통 표지판을 알아 두면 도움이 될 거야.

2. 자전거나 킥보드 등 이동 수단을 이용할 때 살펴보자

자전거 전용 도로　　　개인형 이동 장치 통행 금지　　　자전거 통행 금지

자전거나 킥보드를 이용할 때 자전거 전용 도로인지, 이동 수단이나 자전거 통행이 금지된 곳은 아닌지 주변을 잘 살피며 가자.

3. 위급할 때 안전 기호를 찾자

응급 처치　　　비상구　　　미아보호소　　　대피소

백화점이나 박물관 등에서 갑자기 다쳤을 때 응급 처치실 기호를 찾자. 화재가 발생하면 비상구 기호를 찾아 대피하고, 지진 등 재해가 일어났을 때는 대피소 기호를 찾아 대피해야 해. 길을 잃어버렸을 때는 미아보호소의 도움을 받을 수 있으니 기억해 두자.

'알지YOU'는 초등학교 저학년을 위한 지식 동화 시리즈입니다.
엄마와 아빠가 아이들에게 알려 주고 싶은, 또 사회의 한 구성원으로 성장하며
꼭 익혀야 할 사회, 과학, 문화 등 다양한 주제를 담고 있습니다.